Las Aventuras Internas de
Gustavito Barrilito

Ray Nelson, Jr. ● **Douglas Kelly** ● **Ben Adams** ● **Julie Hansen**

Traducido por Bruce International, Inc.

Acerca de los libros de Flying Rhinoceros

Los libros de Flying Rhinoceros están dedicados a la educación y el entretenimiento de los estudiantes de la escuela primaria. Flying Rhinoceros también ofrece materiales auxiliares con organización de lecciones y juegos que acompañan a todos sus libros. Para obtener más información, póngase en contacto con Flying Rhinoceros llamando al **1-800-537-4466** ó **bigfan@flyingrhino.com**

Número de tarjeta en el catálogo de la biblioteca del congreso: 2002100009
ISBN: 1-59168-020-4

Este libro está dedicado a Ranjy Thomas,
que se atreve a soñar con GRANDES cosas.

Otros libros de Flying Rhinoceros:

El Almuerzo Raro de Eduardo Bichero *(Insectos)*
The Munchy Crunchy Bug Book *(Insects)*

Los Siete Mares en la Bañera de Bernardo *(El mar y la vida marina)*
The Seven Seas of Billy's Bathtub *(Ocean and sea life)*

El Gran Despegue de María y Sofía *(El espacio exterior)*
Connie & Bonnie's Birthday Blastoff *(Outer space)*

Dientes de Madera y Caramelos de Goma *(Presidentes de los EE.UU.)*
Wooden Teeth & Jelly Beans *(U.S. Presidents)*

Saludos desde los Estados Unidos *(Geografía de los EE.UU.)*
Greetings from America *(U.S. geography)*

Un Dinosaurio se Comió Mi Tarea *(Dinosaurios)*
A Dinosaur Ate My Homework *(Dinosaurs)*

¿¡Musarañas no Pueden Jugar al Básquet!? *(Auto estima)*
Shrews Can't Hoop!? *(Self-esteem)*

visítenos en línea:
www.flyingrhino.com
o llame al **1-800-537-4466**

El cuerpo humano es una máquina increíble. Dentro de tu cuerpo están ocurriendo cosas maravillosas. Los ojos, los oídos y la nariz te permiten disfrutar de vistas, sonidos y olores extraordinarios. El corazón bombea la sangre constantemente por tu cuerpo para llevarle oxígeno fresco. El estómago digiere los alimentos que comes, dándole a tu cuerpo la energía que necesita para trabajar y jugar con vigor. El cerebro funciona igual que una computadora. Organiza y controla el cuerpo entero.

Los milagros que puede realizar el cuerpo humano son innumerables. El libro *Las Aventuras Internas de Gustavito Barrilito* les va a presentar el cuerpo humano y todas las cosas maravillosas de las que es capaz.

Es importante recordar que el cuerpo solamente puede hacer esos milagros si tú lo cuidas. Debes **moverlo**, haciendo bastante ejercicio físico. **Alimentarlo** con la cantidad correcta de alimentos sanos. **Dejarlo** descansar, durmiendo bastantes horas. Pero lo más importante de todo, tienes que honrar y respetar tu cuerpo y no envenenarlo con cigarrillos ni drogas.

Victoria Johnson

Si cuidas de tu cuerpo, tu cuerpo cuidará de ti durante muchos, muchos años.

Con **ENERGÍA**,

Si deseas consejos acerca del ejercicio físico o la salud, visita a Victoria en su página del Internet **www.victoriajohnson.com**

Victoria Johnson
Autora, Conferenciante, Entrenadora
y Estrella de *Victoria's Body Shoppe*

Gustavito Barrilito no sabe
qué hacer, está desconcertado.
Ha contraído una gripe
que lo ha dejado agotado.

Tiene la nariz roja,
tiembla y tirita de frío.
Le suda mucho la frente
y tiene el cuerpo adolorido.

No puede trepar a los árboles,
ni tampoco salir a jugar.
Mientras está enfermo, el pobre,
en la cama se tiene que quedar.

"Estos gérmenes en mi cuerpo
son unos tipos repugnantes.
¡Estoy sin jugar y en la cama con
un plato de caldo rebosante!"

Gustavito estornudó, su nariz le
goteaba y la cabeza dolorida se frotaba.
Se restregó los ojos y junto a su cama
vio dos figuras apenadas.

"Gustavito, querido hermano,
¿cómo te encuentras hoy en día?
¡Que salieras a jugar a la pelota
con nosotros nos encantaría!"

"Me siento casi igual, con
sueño, atontado y dolorido.
Los gérmenes en mi cuerpo tienen
la culpa de que me sienta tan decaído.

"Ojalá fuera fácil encontrar
a esos gérmenes mugrientos
y echarlos a todos del cuerpo
sin compasión ni remordimiento."

Gustavito cerró los ojos y empezó a contar ovejas. "Felices sueños," le susurraba su hermanita en la oreja.

Goliat, su perrito enano, cuando vio las ovejas empezó a ladrar. Gustavito Barrilito, entre oveja y oveja, comenzó a roncar.

Gustavito empezó a soñar
con una extraña visión:
unas figuras arriba y abajo,
colocadas en formación.

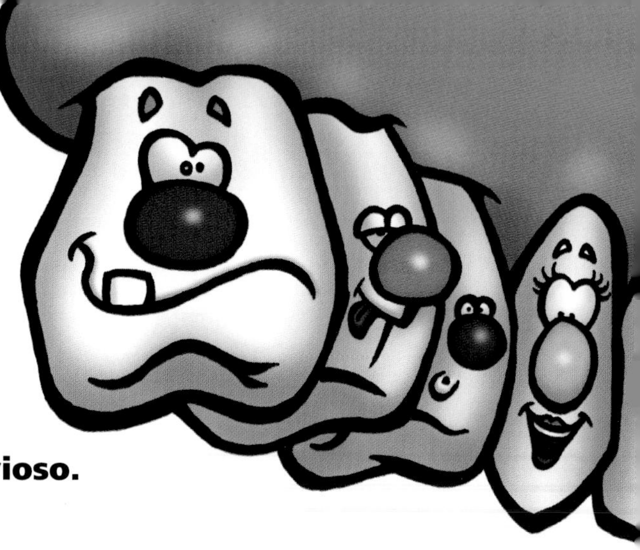

Sin saber qué hacer
y un poquito ansioso,
"¿Quiénes son ustedes?"
preguntó Gustavito, muy nervioso.

*"Somos tus DIENTES, amigo,
y en tu boca habitamos.
Mordemos y rompemos la comida
y al estómago la enviamos.*

*La comida desgarramos, molemos y
trituramos. ¡La despedazamos!
Y si hacemos muy bien nuestro trabajo,
empieza la digestión más abajo!"*

MASTICADORES
Tienes tres
tipos de dientes
en la boca:
incisivos, caninos,
y **premolares/molares.**

¡GUAU, GUAU, GUAU!
Los **caninos** son dientes
puntiagudos que están hacia el
frente de la boca. Ayudan a
sujetar y desgarrar
los alimentos.

Los molares terceros se llaman *muelas del juicio.*

10

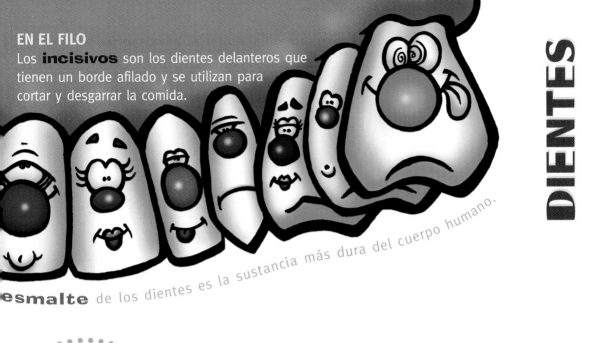

EN EL FILO

Los **incisivos** son los dientes delanteros que tienen un borde afilado y se utilizan para cortar y desgarrar la comida.

esmalte de los dientes es la sustancia más dura del cuerpo humano.

¡CEPÍLLATE ESOS DIENTES!

La placa es una mezcla de restos de comida, células desgastadas y bacteria. El sarro dental está compuesto por muchas capas endurecidas de placa.

DIENTES DE LECHE

Los niños tienen 20 dientes temporales que pierden aproximadamente a los seis años de edad. Estos dientes serán sustituidos por 32 dientes permanentes.

¡CORÓNAME!

La parte del diente que se encuentra por encima de la encía se llama **corona**. La parte que está por debajo de la encía se llama **raíz**.

esmalte

dentina

pulpa

A MOLER SE HA DICHO

Los **molares** son los dientes grandes y planos en la parte posterior de la boca. Se usan para machacar y moler la comida.

"¡Por aquí, Gustavito, mira!"
empezó a gritar Chabelita.
"No vas a dar crédito a tus ojos.
¡Fíjate en este tipo de color rosita!"

"Soy la LENGUA y tengo
muy buen gusto.
Si no hago bien mi trabajo,
se llevarán un disgusto.

"Yo soy quien saborea los
alimentos que comes a diario.
Te digo si son dulces, salados,
 amargos o si son agrios. "

Mientras la lengua explicaba
todo esto, se abrieron
unas puertas pequeñas,
con un ring, ring molesto.

Se abrió un
ascensor que dejó
ver a un hombrecito,
quien se puso
firme y saludó,
muy formalito.

Gustavito entró
enseguida y su
hermana hizo lo mismo.
"Estamos buscando gérmenes,
¿hay algunos en este abismo?"

"Yo soy quien los puede ayudar,
y con mi sonrisa lo celebro.
Sé por dónde empezar.
Vamos a subir al CEREBRO."

UN MANANTIAL DE SALIVA
Las **glándulas salivares**
producen aproximadamente entre
1,500 y 2,000 mililitros de saliva
diariamente. Eso significa que
casi podrías llenar una botella
de dos litros con saliva todos
los días.

PAPILAS DE REPUESTO
La lengua está cubierta
con unas 10,000 papilas
gustativas. Éstas se
renuevan y se reemplazan
de cada 7 a 10 días.

¿ALGUIEN QUIERE ALBÓNDIGAS LÍQUIDAS?
La **saliva** es un líquido acuoso, insípido que fluye de las glándulas en la
boca. La saliva ayuda a humedecer y descomponer la comida de manera que
sea fácil tragarla.

12

úvula

Esa cosita que cuelga en la parte posterior de la garganta se llama úvula.

La **lengua** te ayuda a hablar, a paladear y a machacar la comida.

ESTO HUELE A POLLO

Tu sentido del olfato puede distinguir más productos químicos que tu sentido del gusto. La lengua solamente puede reconocer lo que es salado, dulce, agrio y amargo.

amargo

agrio

salado

dulce

13

El ascensor subió despacio,
y luego se detuvo, temblando
como un derrumbe.
"Aquí estamos," dijo el hombre,
"hemos llegado a la cumbre."

Detrás de un montón de libros
se veía la gran cabellera,
de una mujer que tenía el
cuerpo en forma de una pera.

"Tú debes de ser el niño
con un resfriado feroz.
Me alegro de que hayan
llegado. Los esperaba a los dos."

"¿Nos esperabas?" preguntó
Gustavito. "¡Eso es imposible!
¿Cómo sabías que nos ibas a
ver a nosotros? ¡Es Increíble!"

"Me llamo Cere Brito. Y mi
trabajo es saber con certeza
todo lo que aquí sucede, desde
los pies a la cabeza."

PUESTO DE MANDO
El **cerebro** y la **médula espinal** forman el sistema central nervioso.

HOLA ¿QUÉ TAL?
Los **nervios** son una red de comunicación del cuerpo, como las líneas del teléfono.

IZQUIERDO

El hemisferio izquierdo de tu cerebro controla el lado derecho de tu cuerpo.

actividades controladas por el hemisferio izquierdo:
aptitudes del lenguaje
matemáticas
lógica

DERECHO

El hemisferio derecho de tu cerebro controla el lado izquierdo de tu cuerpo.

actividades controladas por el hemisferio derecho:
imaginación
sueños
música
arte

¡MÁS NERVIOSO QUE UN FLAN!
En el cuerpo hay miles de millones de células nerviosas.

Una célula nerviosa se llama **neurona**.

¡ELECTRIZANTE!

Las señales nerviosas son en realidad descargas eléctricas con una potencia de 1/10 de voltio.

"Hago todo mi trabajo desde
un puesto de inspección.
Soy la computadora del
cuerpo, almaceno información.

"Cada uno de tus movimientos
está muy bien planeado.
Si tu cuerpo se mueve es
porque yo lo he mandado.

"Controlo tus emociones,
te dejo llorar y reírte.
También decido si estás
contento, enojado o triste.

"Pero esos gérmenes son una
molestia," dijo suspirando.
He buscado en todas partes,
pero lo seguiré intentando.

"Hasta expulsarlos a todos
no me daré por vencida.
Cuando se hayan ido, mejorarás
Gustavito, estoy convencida."

**"Muy bien," dijo Gustavito.
"No servirá de nada llorar.
Hay que trabajar en equipo
para una solución encontrar."**

**Los dos niños se marcharon
dando las gracias a Doña Cere.
Les quedaba mucho camino
para encontrar a esos seres.**

GELATINA
NERVIOS DE ~~ACERO~~

El cerebro de un adulto pesa
aproximadamente 3 libras
(1.5 kg), es una estructura
blanda y gelatinosa que
contiene más de 10 billones
de células nerviosas.

¡QUÉ ONDA!

La superficie del cerebro está
arrugada con bultos y hendiduras,
o **circunvoluciones** y
surcos. A medida que creces, el
cerebro crece contigo. El **cráneo**,
o caja ósea, sin embargo, crece
muy poco. Los dobleces permiten
que el cerebro siga creciendo a
medida que se desarrolla.

¡QUÉ FUNÁMBULO!

El **cerebelo**
te ayuda a guardar
el equilibrio, a
mantener una
buena postura y
a coordinar los
movimientos
del cuerpo.

El tallo cerebral controla las funciones corporales, como los latidos del corazón y la respiración.

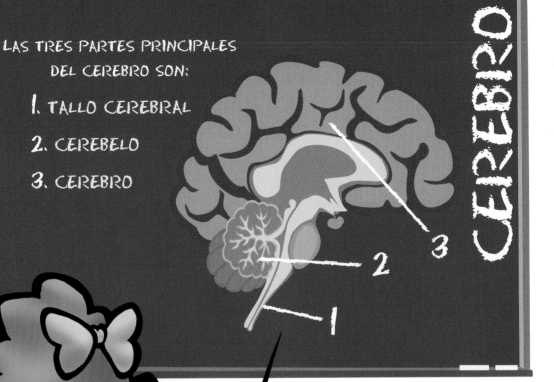

LAS TRES PARTES PRINCIPALES
DEL CEREBRO SON:

1. TALLO CEREBRAL

2. CEREBELO

3. CEREBRO

CEREBRO

PIENSO, LUEGO EXISTO

El **cerebro** está compuesto por los hemisferios cerebrales, el derecho y el izquierdo. Es el lugar donde se produce la mayoría de las actividades conscientes e inteligentes.

"¿No hubo suerte?" preguntó el hombrecito, cerrando las puertas, muy feliz.
"¿Qué les parece si visitamos los ojos, los oídos y la nariz?"

Descendieron un rato y luego se detuvieron. Cuando se abrieron las puertas unas napias colosales es lo primero que vieron.

El tipo olisqueaba unos objetos, parecía muy ocupado. Olía uno aquí y otro allá, en su labor concentrado.

Acababa de olfatear una tarta de manzana fresca, cuando advirtió que Gustavito y Chabelita le observaban muy de cerca.

"¿Quiénes son ustedes? ¿Qué hacen aquí?" preguntó el hombre, insolente.
*"Van a hacer que me retrase.
¡No quiero que me molesten!"*

"¡Caramba, qué narizotas!" replicó Chabelita. El hombre tomó unas rosas.
"No lo puedo remediar...soy la NARIZ, y mi trabajo es oler muchas cosas."

LEVANTATECHOS

A veces, las vías respiratorias se bloquean. Esto hace que los pulmones traten de aspirar más aire, lo que hace que la úvula, y a veces la boca entera, vibren. Esto produce el sonido intenso de sierra eléctrica conocido como ronquido.

bronquios

bronquiolos

tráquea

diafragma

RESPIRA HONDO

Durante tu vida vas a usar aproximadamente 600 millones de alientos para respirar unos 75 millones de galones (283.5 millones de litros) de aire.

MOCOS
El aire que respiras se limpia dentro de la nariz. El polvo y otras partículas se quedan atrapados por los pelos de la nariz y una sustancia mucosa pegajosa. El aire también se calienta y se humedece para igualar las condiciones de los pulmones.

CONTÉN EL ALIENTO...
Cuando tienes hipo, el **diafragma** se contrae, y trae aire a los pulmones. Las cuerdas vocales se cierran de golpe para cortar el paso del aire, formando una especie de bolsa de aire la cual produce un ruido característico que conocemos como hipo.

19

*"Me encanta oler los perfumes,
las flores y las galletas.
Podría olerlos y olfatearlos
durante horas enteras.*

*"Lo peor de mi trabajo, sin
embargo, son los olores apestosos.
El tufo de una mofeta y
los quesos añejos y mohosos.*

*"Aspirar esos olores fétidos
casi me pone rabioso.
Pero yo no sólo huelo...
también respiro, soy dichoso."*

nervio olfatorio

cavidad nasal

ventana nasal

UN TRABAJO APESTOSO

Las personas pueden distinguir más de 3,000 olores diferentes. Algunas personas con un olfato bien entrenado pueden llegar a reconocer más de 10,000 olores diferentes. También pueden usar este talento para ganarse la vida oliendo y analizando perfumes.

¡Un perro puede reconocer entre 50 y 100 veces más olores que un ser humano!

¿A QUÉ HUELE AQUÍ?

En la parte superior de la **cavidad nasal** hay unos nervios muy sensibles, llamados **nervios olfatorios**, que permiten a las personas reconocer distintos olores. Estos nervios, que se trasladan desde la nariz hasta el cerebro, responden a las moléculas que entran en la nariz. Los nervios después envían un estímulo al cerebro, el cual decide de qué olor se trata.

SIN HUESO

La parte frontal de la nariz no contiene ningún hueso, sino una estructura de nueve piezas de **cartílago**, unidas unas a otras, y a los huesos del cráneo.

LA NARIZ INVESTIGA

Cuando algo huele mal, generalmente es un buen indicio de que no deberías comerlo.

"**¡O**ye! ¡Quítate de en medio! ¡No me dejas ver! No eres transparente. ¿Quieres que te lo diga otra vez?"

Subida a una escalera muy alta, había una señora con unos ojos saltones. Gustavito se quitó de en medio antes de que empezara a dar empujones.

"Llámame *OJOS* simplemente, si no te parece mal. A través de mi telescopio veo un panorama sin igual.

"Me esfuerzo para evitar que te tropieces con otros, y mi trabajo consiste en que veas con tus ojos.

"Capto la luz y también capto la oscuridad. Le doy color y enfoque para que puedas ver con claridad."

Cuando el ojo ha terminado de ver algo, la imagen está realmente al revés. El cerebro entonces toma la señal nerviosa que le envía el ojo y le da la vuelta a la imagen hasta ponerla al derecho.

¿AL DERECHO O AL REVÉS?

¡BUAAAA-BUAAAA!

Las lágrimas lubrican los ojos. Las lágrimas salen por unos agujeros pequeños que se llaman conductos lagrimales y están cerca de los párpados.

¡QUÉ MUSCULATURA!
Tu ojo tiene seis músculos que te ayudan a moverlo hacia arriba, hacia abajo y de un lado a otro. ¡Cuando lees, los músculos del ojo se mueven más de 10,000 veces por hora!

¡LUCES! ¡ACCIÓN!

(1) La luz entra al ojo a través de la **pupila**, el puntito negro que hay en el centro del ojo. El tamaño de las pupilas lo controla el **iris** (2). El iris es la parte coloreada de tu ojo y está compuesto, realmente, por músculos. La **córnea** (3), junto con el **cristalino** (4), contribuye a doblar los rayos de luz sobre la **retina** (5). La retina convierte los rayos de luz en señales, que se envían al cerebro a través del **nervio óptico** (6).

NO ESTABA DURMIENDO

Tú pasas media hora cada día con los ojos cerrados pero despierto, ¡simplemente parpadeando!

23

Al preguntarle si había visto unos gérmenes, respondió *"No,"* la señora. Los niños se despidieron de los ojos y del telescopio, sin demora.

Vieron un tipejo enclenque
con un aspecto divertido.
"Soy las OREJAS," proclamó,
"y por mí entra el sonido.

"Tienes una oreja a cada lado
de la cabeza, ¿no es cierto?
Yo recojo las vibraciones que
por el aire me encuentro.

"Atrapo muchos susurros
y otros sonidos remotos.
Los agrupo para que el cerebro
los repita luego todos.

"El cerebro separa los sonidos
y los convierte en palabras.
De ese modo todos distinguen
lo que oyen cuando les hablas."

¡CHAS! ¡CHAS!

La **trompa de Eustaquio** une el oído medio con la garganta. Cuando cambia la presión, como ocurre cuando viajas en avión, el aire se mueve en la trompa de Eustaquio y produce ese "chasquido" en los oídos.

SOY TODO OÍDOS

El **(1) oído externo** recoge y canaliza el sonido.

El **(2) oído medio** amplifica y refina el sonido para el cerebro.

El **(3) oído interno** detecta el movimiento y te ayuda a mantener el equilibrio.

24

BAJA EL VOLUMEN, POR FAVOR

El sonido se mide en **decibelios**. Un susurro mide unos 30 decibelios, mientras que un avión a reacción registra unos 120 decibelios. El sonido con este volumen puede dañar los oídos.

¿HAS DICHO ALGO?

Sorprendentemente, nosotros filtramos muchos sonidos, imágenes, y otras sensaciones a nuestro alrededor. Si no lo hiciéramos, ¡todas esas sensaciones nos volverían locos!

Los decibelios reciben su nombre en honor a Alexander Graham Bell, el inventor del teléfono.

Gustavito dio un gran
suspiro, y le dijo a Chabelita,
"No podemos perder más tiempo
aquí adentro de mi cabecita."

Corrieron al ascensor.
No podían descansar.
Le dijeron al hombrecito que
al PECHO tenían que llegar.

El ascensorista con su pulgar
ya iba a pulsar el botón,
cuando Gustavito oyó un ruido,
como el redoble de un tambor.

Lub Dub… Lub Dub…
Lub Dub… Lub Dub…
Lub Dub… Lub Dub…
Lub Dub… Lub Dub…

COMO UN RELOJ
El sonido que hace tu
corazón al latir–lub-dub,
lub-dub–es el sonido de
las válvulas que se cierran
en el corazón.

Cuando se abrieron
las puertas, vieron un
CORAZÓN descomunal.
Una obra magnífica
de arte muscular.

Parecía un globo de agua que
se estrujaba y se hinchaba.
Dos hombres, un poco raros,
de las bombas se encargaban.

"Disculpen, señores,
no quiero entrometerme.
Pero ¿han visto por aquí
nadando algunos gérmenes?"

26

TÓMATE EL PULSO

Cada latido del corazón produce una onda de presión a través de la red arterial. Esta onda se denomina pulso.

60 SEGUNDOS

En solamente un minuto, el corazón puede bombear una gota de sangre desde tu corazón hasta los dedos de los pies y de vuelta al corazón.

Dub

MÁQUINA CIRCULATORIA

El corazón de un adulto normal late de 60 a 80 veces por minuto y hace circular alrededor de 1.3 galones (4.9 litros) de sangre por minuto. Eso representa unos 2,000 galones (7,560 litros) por día.

*"**N**o tenemos tiempo
para sentarnos a charlar
contigo ni con tu hermana.
¡No hay más que hablar!*

*"Estamos muy ocupados.
Tenemos mucha faena.
Tenemos que bombear
mucha sangre por tus venas.*

*"Tu cuerpo necesita oxígeno
para estar sano y crecer.
Hacemos que la sangre por
miles de tubos pueda correr.*

*"Estos tubos parecen
tuberías de agua corriente.
Se llaman vasos sanguíneos.
Hay dos tipos diferentes.*

*"Las ARTERIAS, desde el
corazón, llevan sangre pura,
a todas las partes del
cuerpo con gran presura.*

*"Después de que el cuerpo
toma lo que precisa,
la sangre regresa al
corazón a toda prisa.*

*"Tenemos que terminar el trabajo
para que no haya problemas.
La sangre usada se envía de
regreso por las VENAS."*

DENTRO Y FUERA

El corazón tiene cuatro cámaras: una **aurícula derecha y otra izquierda ❶** y un **ventrículo derecho y otro izquierdo ❷**. Las aurículas reciben la sangre que entra en el corazón. Los ventrículos, más grandes y más musculares, bombean la sangre a todas las partes del cuerpo ❸.

HORMIGUEO

A veces "se te duerme" el pie o la mano porque la circulación de la sangre ha quedado interrumpida en esa zona. Cuando finalmente te mueves, la respuesta es un torrente de sangre que va a la zona afectada. Esta es la sensación cosquilleante que sientes.

¡QUÉ LEJOS! Hay 60,000 millas (96,000 km) de vasos sanguíneos en el cuerpo humano.

NUESTRO TRABAJO

Las **arterias** llevan sangre rica en oxígeno y nutrientes a todo el cuerpo.

Las **venas** llevan sangre con dióxido de carbono y residuos de vuelta al corazón y los pulmones.

Los **capilares** son vasos sanguíneos diminutos. La sangre entrega nutrientes y recoge residuos a través de las paredes delgadas de los capilares.

CON EL CEREBRO CONGELADO

Cuando comes algo frío muy rápidamente, por ejemplo un helado, los vasos sanguíneos en la boca y la garganta envían una señal al cerebro de que tienen frío. El cerebro entonces inunda los vasos con sangre cálida haciendo que se dilaten muy rápidamente. Esto es lo que produce el dolor de cabeza que a veces sientes después de comer helados.

SANGRE, SUDOR Y PLASMA

La sangre está compuesta por glóbulos rojos, glóbulos blancos, plaquetas y plasma.

SANGRE

EXPLOSIÓN CELULAR

Los glóbulos rojos nuevos se fabrican en la médula ósea, a un ritmo de 2 millones por segundo.

El suelo empezó a moverse,
a sacudirse y temblar.
El estómago de Gustavito
había empezado a tronar.

"Me ruge un poco el estómago.
No es que sea malcriado.
Pero la solución es fácil.
Necesito comer un bocado."

El ascensorista, entonces,
le dijo a Gustavito,
"Les recomiendo a los dos
la Cafetería 'El Ombliguito'."

Los dos niños y el perrito
en seguida se sentaron.
Para que les trajera algo
apetitoso, a la mesera llamaron.

"Una hamburguesa con patatas
fritas y un batido de chocolate gigante
resolverán el problema y harán callar
a la panza retumbante."

La mesera se quedó mirando
a los niños, desconcertada.
*"Si eso es lo único que comen, van a
necesitar ayuda en la madrugada.*

*"En la Cafetería 'El Ombliguito' comidas
bien equilibradas es lo que servimos.
No hay mejor lugar que este si
buscan alimentos nutritivos."*

LA BATIDORA ESTÁ VACÍA

El **estómago** se ensancha a medida que se llena. Puede contener 2 litros o más. En el estómago, que es como una batidora corporal, se mezclan **ácidos** y **enzimas**. Los músculos del estómago se contraen y pueden adoptar casi cualquier forma. Si la batidora está funcionando y no hay alimentos en el estómago, entonces puedes oír como te rugen las tripas.

Si extendiéramos los intestinos todo lo largo que son, el cuerpo humano tendría que medir más o menos 30 pies (9 m) de alto.

¡QUÉ JUGOSO!

Solamente con pensar en la comida la boca produce más cantidad de saliva.

BURBUJAS, BURBUJAS DIGIRIENDO ESTÁN

Después de masticar, el estómago empieza a trabajar. Las paredes robustas aprietan y revuelven la comida hasta formar una sustancia semilíquida llamada quimo.

TENGO QUE IR AL BAÑO

La etapa final de la digestión se produce en el **intestino grueso**, donde los residuos salen del cuerpo unas 18 a 30 horas después de entrar la comida en la boca.

Hay cuatro tipos diferentes de alimentos, es algo que deben saber. Y necesitan comer de todos los grupos si desean crecer.

"Los helados y los quesos, la mantequilla y los yogures, son productos LÁCTEOS que provienen de animales con ubres.

"Directamente de la huerta o recogidos de los árboles, las manzanas, las naranjas, los tomates y las coles.

"Muchas FRUTAS y VERDURAS, a diario debes comer, porque tienen vitaminas A, B y C, que son buenas para crecer.

"Tu cuerpo necesita PROTEÍNAS, por eso tienes que alimentarte con carnes, pescados y aves en cantidades abundantes.

"Los PANES y los CEREALES te dan energía de repente. Por eso, si estás cansado, son unos alimentos excelentes."

TENGO SED

Los niños deben tomar entre 4 y 8 vasos de agua al día. Aunque eso parece mucho, no se trata de beber agua solamente. Recuerda que también hay agua en la leche, los jugos y la fruta.

APRENDE EL ABECEDARIO

Las **vitaminas** son una parte importante de la dieta. De hecho, te puedes enfermar si te faltan las vitaminas. La vitamina A se encuentra en las zanahorias, el pescado y en algunos productos lácteos. Las verduras frescas y las frutas cítricas, son ricas en vitamina C. La vitamina D se añade frecuentemente a la leche.

PERDÓN

El **gas** es como un eructo, pero por el otro extremo del cuerpo. Algunos alimentos no se digieren completamente, y los carbohidratos sin digerir despiden gases, tales como el dióxido de carbono y el metano.

LECHE

Los cinco nutrientes principales para la buena salud son:
1 carbohidratos
2 grasas
3 proteínas
4 vitaminas
5 minerales

Desde fuera de la cafetería les llegó un ruido muy fuerte. Un martillo neumático atacaba la acera de enfrente.

En medio de ese barullo un hombre daba órdenes agitado. Parecía una gran calabaza con su uniforme anaranjado.

"¡Cuidado niños!
Aquí no se puede jugar.
Estamos haciendo unas obras
que tenemos que acabar.

"Los **HUESOS** *que estamos uniendo,*
hay que apretarlos muy bien,
para que cumplan su función principal:
mantenerlos derechos en pie.

"Pero además, el esqueleto, también
sirve para otra cosa.
Protege los órganos internos y
ésa es una tarea portentosa.

"Ustedes van por buen camino.
Crecerán altos y fuertes.
Pero tenemos que acabar el trabajo,
así es que, ¡adiós y buena suerte!"

¿DÓNDE SE HAN IDO?

Los niños tienen 300 huesos, pero algunos de estos huesos se fusionan, y cuando son adultos sólo tienen 206 huesos.

¡VAYA MUCHACHOTE!

Si tu cuerpo continuara creciendo al mismo ritmo que lo hizo antes de que nacieras, medirías casi media milla (800 m) de alto al cumplir un año.

¡SOCORRO! ¡ME ESTOY ENCOGIENDO!

Puesto que tus huesos se asientan durante el día, por la noche mides aproximadamente media pulgada (1.25 cm) menos que por la mañana.

FLEXIONES DORSALES

La columna vertebral, o espina dorsal, está compuesta por 26 huesos, llamados **vértebras**, que forman una columna flexible.

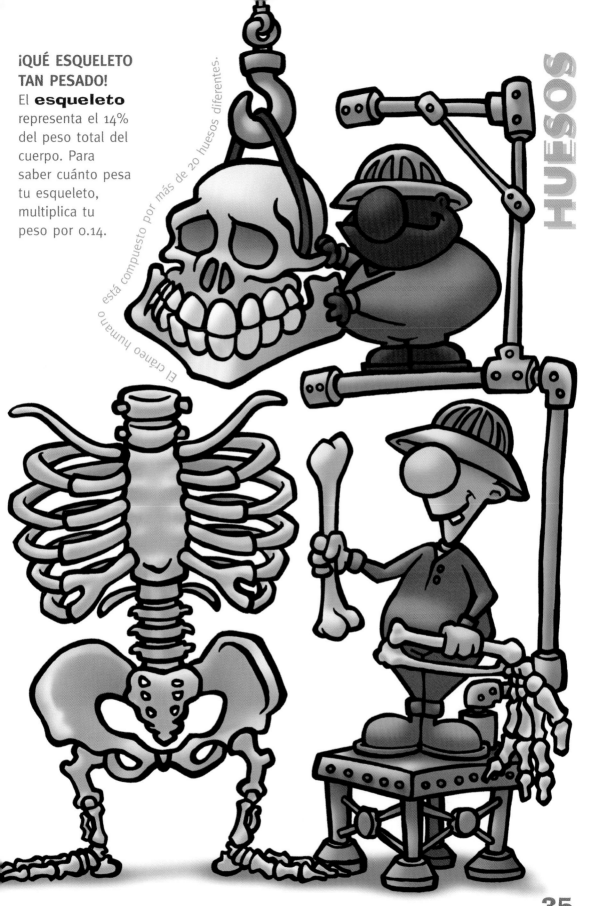

¡QUÉ ESQUELETO TAN PESADO!
El **esqueleto** representa el 14% del peso total del cuerpo. Para saber cuánto pesa tu esqueleto, multiplica tu peso por 0.14.

El cráneo humano está compuesto por más de 20 huesos diferentes.

os niños siguieron
buscando, pero sin suerte,
cuando se toparon con un hombre
grandote y muy fuerte.

Gustavito se acercó despacio,
los ojos fijos, sin pestañear.
"A ese tipo lo han inflado
mucho, parece que va a estallar."

La sombra del hombre pasó sobre
los niños como un nubarrón.
Sus músculos enormes se
tensaban. ¡Uy! ¡Qué fortachón!

**DAME LA VUELTA
QUE YA ESTOY COCIDO**

Si estás al sol mucho tiempo
te puedes quemar. Las quemaduras
solares suelen aparecer entre
1 y 6 horas después de haber
estado al sol, y alcanzan su
punto máximo de 12 a 24
horas después. Luego, la
piel queda bronceada
o se pela.

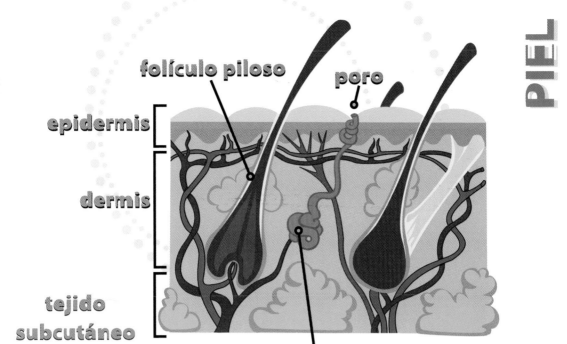

folículo piloso

poro

epidermis

dermis

tejido subcutáneo

glándula sudorípara

¿POR QUÉ ME SALIÓ UN GRANO, HERMANO?
Las **glándulas sebáceas** están situadas justo debajo de la superficie de la piel en la cara. Secretan un aceite que supuestamente sirve para lubricar la piel. Cuando se bloquea este aceite y no puede salir a la superficie de la piel, entonces se forma un grano.

ARCO IRIS HUMANO
La piel contiene **melanina**, una sustancia de color que hace que las personas tengan la piel de distinto color. Para protegerse del sol, la piel produce más melanina, la cual tiñe la piel dándole un color más oscuro.

LO ENVUELVE TODO
El órgano más grande del cuerpo es la **piel**, que tiene una extensión de 2.5 yardas cuadradas (2.25 metros cuadrados).

¡QUÉ SUDORES!
Tienes aproximadamente 3 millones de **glándulas sudoríparas** en todo el cuerpo. Producen sudor constantemente, no solamente cuando estás acalorado y pegajoso, después de hacer ejercicio.

"**D**isculpe, señor grandote"
Gustavito le gritó así.
"¿Ha visto algunos gérmenes
escondidos por aquí? "

Con estilo y gracia sacudiendo
la cabeza, el hombre dijo que no,
flexionó el brazo derecho y
en el suelo las pesas dejó.

"Yo soy tus MÚSCULOS
y te hago muy fuerte.
Trabajo con tus huesos
para que puedas moverte.

"El cerebro me manda un
mensaje para que me siente,
me pare, o corra.
Juntos colaboramos para
mantenerte en buena forma.

"Me contraigo y me relajo
para que muevas el brazo,
o para dar fuerza a tus piernas
para escapar de un zarpazo.

"Y en cuanto a lo que buscan,
quizás les pueda ayudar.
Esto es lo que yo haría, si
estuviera en su lugar."

Cada vez que das un paso, usas unos 200 músculos.

UN TIPO MUY SUAVE
Los **músculos lisos** se
encuentran en los intestinos y en
los órganos abdominales. Los músculos
lisos son **músculos involuntarios**.
Esto quiere decir que tú no puedes controlar
si se van a mover o no.

DE DIRECCÍON ÚNICA

Los músculos solamente pueden ejercer fuerza en una dirección: Se contraen, o se acortan, lo cual hace que tiren. Por eso, muchos músculos están dispuestos en pares opuestos. Cuando un músculo se contrae, no se hace más grande, simplemente cambia de forma.

ASENTADERAS

Cuando te sientas lo haces sobre uno de los músculos más grandes: el **gluteus maximus**, en las nalgas (es decir, el trasero).

El músculo cardíaco, que se encuentra solamente en el corazón también es un músculo involuntario.

Los **músculos esqueléticos** o **estriados** ayudan a mover los huesos y son **músculos voluntarios**. "Voluntario" quiere decir que solamente se mueven cuando tú se lo pides.

"**M**e iría derecho a un sitio,
deben llegar sin tardar,
es el lugar donde el cuerpo
filtra lo que ya no puede usar.**"**

**Los niños se toparon con un
hombre en un traje de buzo dorado,
con su tanque de aire, gafas
protectoras y botas, iba bien equipado.**

**Chabelita no sabía por qué
necesitaba ese atuendo.
"¿A qué se dedica usted?" le preguntó.**
"Ahora mismo te lo cuento."

*"Filtro todos los residuos que
tu cuerpo ha producido,
después de digerir las carnes, las
verduras y los jugos que has comido.*

*"Estos de aquí son los RIÑONES,
por donde pasa la sangre.
Yo le quito las toxinas y la
orina es lo que sale.*

*"El HÍGADO es otro sitio
donde se filtra la sangre
del cuerpo," dijo con conocimiento,
"y donde se forman químicos
esenciales para su funcionamiento.*

*"Estos químicos ayudan a
que dejes de sangrar cuando
te cortas o te hayas herido.
También los necesitas
para digerir lo que hayas comido."*

UN TRABAJO AGOTADOR

Tienes dos **riñones**, que son órganos en forma de fríjol y del tamaño de un puño. Si pierdes uno, el riñón que te queda puede hacer el trabajo de filtrar la sangre para crear la orina.

UN DÍA EN LA VIDA DEL HÍGADO

El **hígado** realiza muchos trabajos. Una de las funciones más importantes del hígado es procesar las proteínas, los carbohidratos y las grasas, para que las use el cuerpo.

El **hígado** es el órgano interno más grande del cuerpo. También se le conoce como la fábrica química del cuerpo.

VISITAS AL BAÑO

Como promedio, las personas eliminan de uno a dos cuartos (uno a dos litros) de agua en forma de orina cada día. Pero esto depende de la cantidad de agua que beban, si hacen ejercicio físico y si hace mucho calor ese día.

¡AY! ¡NECESITO IR AL BAÑO!

La **vejiga** se dilata como un globo a medida que se llena. Entonces envía un mensaje al cerebro para decirle cuándo necesitas ir al baño. La vejiga puede retener hasta una pinta (medio litro) de orina, ¡pero en ese momento el mensaje ya es mucho más urgente!

La orina está compuesta principalmente por agua, pero también contiene urea, sales y otros minerales residuales.

"¡Me rindo! ¡Nunca voy
a mejorar de salud!"
Entonces, desde lejos, les
llegó un ruido como un alud.

¡Eran pezuñas de caballos!
Los niños también
oían resonar las trompetas
y veían ya muy cerca
ondear las banderas.

Un hombre muy bajito
con un uniforme blanco
se les acercó muy serio
y les dijo saludando.

*"Soy el líder de esta tropa
que aquí ven," dijo con certeza.
"Hemos recorrido todo el
cuerpo, de los pies a la cabeza.*

*"Con la ayuda de tus GLÓBULOS,
los blancos y también los rojos,
¡les hemos dado un susto
mortal a los gérmenes que
nos dieron tantos enojos!*

*"Nuestros amigos los
ANTICUERPOS se
unieron a la batalla,
¡y fuimos los vencedores,
nos merecemos una medalla!"*

*"Vamos, querida Chabelita,
y tú mi perrito amado.
¡Hay muchas cosas que hacer
ahora que ya estoy curado!"*

Las **vacunas** ayudan a proteger contra las enfermedades.

RINOVIRUS VOLADOR

Cada vez que
estornudas, despides
partículas por la nariz
y la boca a una
velocidad extraordinaria.
El estornudo más rápido
jamás medido tenía una
velocidad de 103.6 millas
por hora (166 km/h).

RINOVIRUS
Existen más de 200 tipos diferentes de rinovirus.
Éstos son los que causan el resfriado común.

También ayudan al cuerpo a reforzar sus defensas en caso de que le ataque una enfermedad grave.

LLAMADA A LAS TROPAS

Tu cuerpo tiene muchas líneas de defensa para combatir las cosas que te pueden hacer enfermar:

1. La piel
2. La saliva y las lágrimas
3. El recubrimiento mucoso de la nariz
4. Los filamentos diminutos en los bronquios
5. El sistema inmune (los glóbulos blancos)

INVASORES DE CÉLULAS

Un **virus** es un germen infeccioso pequeño que puede crecer y multiplicarse por sí mismo solamente dentro de una célula viva.

¡UF! ¡QUÉ CALOR!

La temperatura del cuerpo cuando no estás enfermo es de 96.5°F a 99.5°F (35.8°C a 37.5°C), con un promedio de 98.6°F (37°C).

Gustavito,
poco a poco, de su sueño se despertaba.
La nariz no estaba roja ni tampoco le goteaba.
Se sentía bien del estómago
y saltó contento de la cama.

La puerta se abrió de golpe–
Chabelita quería retozar.
"Querido Gustavito, por favor dime
¿te encuentras hoy mejor para jugar?"

Gustavito saltó de alegría,
y dijo con una sonrisa
en los labios,
"¡Creo que no voy a tomar
más caldo hasta que
cumpla cien mil años!"

Anticuerpos Las moléculas del sistema inmune que te protegen el cuerpo de la invasión de partículas o gérmenes extraños.

Aurícula/Aurículas *(en latín Atrium/Atria)* Las dos cámaras superiores del corazón humano.

Capilares Vasos sanguíneos diminutos, de paredes muy delgadas que forman una red por todo el cuerpo donde se depositan y se recogen el oxígeno, los nutrientes y los residuos.

Carbohidratos Nutrientes como el azúcar o el almidón. Los carbohidratos son buenos para dar una energía rápida.

Cartílago Material de soporte que no está compuesto por hueso, y que tiene la fuerza y la flexibilidad del plástico. La nariz y las orejas están hechas de cartílago.

Cilio/Cilios *(en latín Cilium/Cilia)* Filamentos diminutos que se encuentran en el interior del cuerpo, como las pestañas, pero mucho más pequeños. Los cilios cumplen muchas funciones: filtrar, sentir y ayudar a los líquidos a moverse por el cuerpo.

Córnea La cobertura de la parte frontal del globo ocular. La córnea protege la pupila, el iris, y el interior del ojo. Es curvada y además ayuda a enfocar la luz que entra en el ojo.

Decibelio Una unidad de medida que mide el volumen de los sonidos.

Diafragma Membrana muscular que separa el pecho del abdomen. El diafragma se dilata y se contrae para ayudarte a respirar. También te ayuda a toser, a estornudar y a vomitar.

Enzima Una sustancia que hay en el cuerpo que ayuda a que se produzcan reacciones químicas. Por ejemplo, las enzimas ayudan a tu cuerpo a descomponer los alimentos que comes.

Esmalte Sustancia dura que cubre la corona de los dientes, y que no tiene nervios.

Giro o circunvolución Los puntos altos, o picos, de la superficie rugosa del cerebro.

Ligamentos Tejido denso y fibroso que sostiene los órganos internos y mantiene a los huesos juntos.

Melanina Pigmento oscuro que se encuentra en la piel. La melanina es aparente en los lunares de las personas de piel clara y en la piel de las personas de piel oscura.

Neurona Las neuronas, o células nerviosas, son las células principales del sistema nervioso.

Plaqueta Un elemento de la sangre que contribuye a la formación de coágulos y costras.

Plasma El plasma es el elemento principal de la sangre y está compuesto en más del 90% por agua.

Proteína La proteína es una molécula que es una parte básica de todas las cosas vivientes y es necesaria para los procesos que tienen lugar en todas las plantas y animales, incluidos los seres humanos.

Quimo El estómago descompone los alimentos en una masa semilíquida llamada quimo.

Retina Tejido nervioso sensible a la luz que se encuentra en el fondo del ojo.

Rinovirus Virus que produce el resfriado común.

Surco/Surcos *(en latín Sulcus/Sulci)* Los puntos bajos, o valles, en la superficie rugosa del cerebro.

Tendón Tejido denso y duro que une los músculos a los huesos.

Vellosidad/Vellosidades *(en latín Villus/Villi)* Proyecciones pequeñas en forma de dedos que aumentan la superficie de un tejido. Por ejemplo, en el intestino delgado, las vellosidades pueden aumentar el área que puede absorber nutrientes.

Ventrículos Las dos cámaras inferiores del corazón.

Vértebra/Vértebras Huesos en forma de disco que, colocados unos sobre otros, forman la columna vertebral, o espina dorsal. Además, protegen la médula espinal.

Virus Una causa de una enfermedad infecciosa.

fin

virus

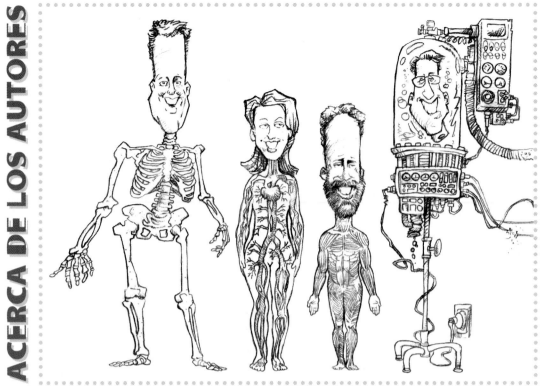

Ilustraciones de Gary Bialke

Ray Nelson, Jr. tiene un cuerpo muy grande. Podría ser un luchador profesional y llevar trajes de spandex brillantes. Podría haber sido un luchador y llamarse El Eclipse Humano o Bubba Jim Jones. Cuando camina, el cuerpo le cruje con unos sonidos extraños. A Ray le gusta escribir cuentos, dibujar y jugar al baloncesto. Vive en Oregon, con su esposa, sus dos hijos y un gran danés llamado Molly.

Douglas Kelly tiene un cuerpo muy pequeño. Podría haber sido un jockey y vestirse con un traje de montar de satén rojo y montar caballos con nombres como Conejo tropezón o Príncipe de los vientos. Teniendo en cuenta que ya es bastante viejo, el cuerpo se mantiene bastante bien. A Doug le gusta jugar al golf y pintar. Vive en Oregon.

Ben Adams no tiene cuerpo. Solamente es una cabeza en un tarro de cristal. No es fácil ser sólo una cabeza en un tarro. Ben no puede montar en bicicleta a menos que tenga un asiento especial y le resulta muy difícil comer las mazorcas de maíz. A pesar de que Ben no tiene cuerpo, hace unas ilustraciones maravillosas para Flying Rhinoceros. Ben vive en Beaverton, Oregon, donde pasa su tiempo trabajando en el jardín, escuchando música a gran volumen, y disfrutando del aire libre.

Julie Hansen acaba de tener un bebé. Ben, Ray y Doug piensan que es extraordinaria, porque ninguno de ellos puede tener un bebé. Aunque, sinceramente...ninguno de ellos quisiera tener un bebé. Han oído decir que es un proceso doloroso. Julie es demasiado grande para ser jockey y demasiado pequeña para ser luchadora profesional. Pero tiene el tamaño perfecto para ser una ilustradora y diseñadora gráfica de gran talento. Julie vive en Salem, Oregon, con su esposo, Mark, y su hijo, Chance.

Colaboradores: Melody Burchyski, Paul Diener, Lynnea Eagle, Claudia Giménez, Annaliese Griffin, Mari McBurney, y Elliott Vanskike.

Nuestro agradecimiento especial a: Mike y Holly McLane, Ranjy Thomas, Bob Savage, Bruce Barnet, Tony y Shanna Schwartz, Chris y Allison Moise, Scott Carlson, Bruce International, Inc. y todos los de Flying Rhinoceros.